# ZEITREISE DINOSAURIER

## DAS GROSSE BASTELBUCH

RICHARD FERGUSON
& AUDE VAN RYN

Autorin: Isabel Thomas

Laurence King Verlag

# Inhalt

Einführung . . . . . . . . . . . . . . . . . . . . . . . . . . . . . . . . . . . .03
Trias . . . . . . . . . . . . . . . . . . . . . . . . . . . . . . . . . . . . . . . .04
Jura . . . . . . . . . . . . . . . . . . . . . . . . . . . . . . . . . . . . . . . . .06
Kreide . . . . . . . . . . . . . . . . . . . . . . . . . . . . . . . . . . . . . . .08

## TRIAS
Coelophysis . . . . . . . . . . . . . . . . . . . . . . . . . . . . . . . . . .10
Eocursor . . . . . . . . . . . . . . . . . . . . . . . . . . . . . . . . . . . . .11
Eoraptor . . . . . . . . . . . . . . . . . . . . . . . . . . . . . . . . . . . . .12
Herrerasaurus . . . . . . . . . . . . . . . . . . . . . . . . . . . . . . . .13
Mussaurus . . . . . . . . . . . . . . . . . . . . . . . . . . . . . . . . . . .14
Plateosaurus . . . . . . . . . . . . . . . . . . . . . . . . . . . . . . . . .15

## JURA
Allosaurus . . . . . . . . . . . . . . . . . . . . . . . . . . . . . . . . . . .16
Archaeopteryx . . . . . . . . . . . . . . . . . . . . . . . . . . . . . . .17
Dilophosaurus . . . . . . . . . . . . . . . . . . . . . . . . . . . . . . .18
Diplodocus . . . . . . . . . . . . . . . . . . . . . . . . . . . . . . . . . .19
Giraffatitan . . . . . . . . . . . . . . . . . . . . . . . . . . . . . . . . . .20
Scelidosaurus . . . . . . . . . . . . . . . . . . . . . . . . . . . . . . . .21
Stegosaurus . . . . . . . . . . . . . . . . . . . . . . . . . . . . . . . . .22

## KREIDE
Ankylosaurus . . . . . . . . . . . . . . . . . . . . . . . . . . . . . . . .23
Deinonychus . . . . . . . . . . . . . . . . . . . . . . . . . . . . . . . .24
Pachycephalosaurus . . . . . . . . . . . . . . . . . . . . . . . . . .25
Parasaurolophus . . . . . . . . . . . . . . . . . . . . . . . . . . . . .26
Triceratops . . . . . . . . . . . . . . . . . . . . . . . . . . . . . . . . . .27
Troodon . . . . . . . . . . . . . . . . . . . . . . . . . . . . . . . . . . . .28
Tyrannosaurus . . . . . . . . . . . . . . . . . . . . . . . . . . . . . . .29

Glossar . . . . . . . . . . . . . . . . . . . . . . . . . . . . . . . . . . . . .30

# Einführung

Hallo! In diesem Buch lernst du zwanzig faszinierende Dinosaurier kennen, vom *Archaeopteryx* bis zum *Tyrannosaurus*. Du erfährst, zu welcher Zeit sie lebten und was jede Urzeitechse besonders macht. Zu jedem Dinosaurier gibt es einen Steckbrief mit den wichtigsten Fakten. Am Ende des Buches findest du außerdem ein Glossar mit Fachbegriffen und ihren Bedeutungen.

Die einzelnen Teile für ein Dino-Panorama als Chronik (Zeittafel) und die Bastelanleitung dazu stecken in einer Tasche hinten auf der Innenseite des Umschlags. Gegenüber der Tasche befinden sich die einzelnen Saurier zum Herausdrücken. So wird deine Dino-Chronik ganz schnell fertig!

# Trias

**Wenn du 230 Millionen Jahre in die Vergangenheit reisen könntest, würdest du den allerersten Dinosauriern begegnen.**

Sie erschienen in der Trias, einer Zeit, in der die Erde wesentlich wärmer und trockener war als heute. Die Landmassen waren noch nicht getrennt, sondern bildeten einen einzigen Riesenkontinent namens Pangäa, der von Meer umgeben war.

Heute stehen die Säugetiere an der Spitze der Nahrungskette, aber in der Trias waren andere Tiere die Chefs: die Archosaurier (der Name bedeutet: „Herrscherreptilien"). Dazu gehörten die ersten Krokodile sowie kleine Reptilien, die zwei statt vier Beine hatten und sich damit schnell fortbewegen konnten. Möglicherweise hatten sie sich damit an das heiße, trockene Klima der Trias angepasst.

Aus den Archosauriern entwickelten sich die ersten Dinosaurier. Sie waren auch klein und zweibeinig. Der Unterschied zu ihren Vorläufern lag in den Knochen verborgen: Eine Veränderung des Beckens führte zur Entstehung der „schrecklichen Echsen", das heißt: den Dinosauriern, die die Erde für

> Die bisher ältesten Dinosaurier-Fossilien sind 225 Millionen Jahre alt.

> Trias-Dinosaurier wurden in Argentinien und Afrika gefunden. Die meisten hatten ein Echsenbecken und waren Fleischfresser.

> Am Ende der Trias hatten sich die ersten Frösche, Schildkröten, Säugetiere, Krokodile und Echsen entwickelt.

**Die Periode Trias**

| VOR MILLIONEN JAHREN (MIO. J.) | UNTERTRIAS VOR 252 BIS 245 MIO. J. | MITTELTRIAS VOR 245 BIS 228 MIO. J. | OBERTRIAS VOR 228 BIS 200 MIO. J. | | |
|---|---|---|---|---|---|
| 260 | | | | 200 | 150 |

die nächsten 130 Millionen Jahre beherrschen sollten. Wissenschaftler teilen die Saurier anhand der Form des Schambeins im Becken in zwei Hauptgruppen ein: die Ornithischia (mit „Vogelbecken") und die Saurischia (mit „Echsenbecken"). Vogelbeckensaurier waren in der Trias noch selten. Jedenfalls wurden davon nur wenige Fossilien gefunden. Doch ein paar Millionen Jahre später entwickelten sie sich zu riesigen vierbeinigen Pflanzenfressern, z. B. zum *Stegosaurus* und zu den Entenschnabel-Dinosauriern, die in großer Zahl auf der Erde lebten.

Die ersten Dinosaurier mit Echsenbecken waren im Vergleich zum späteren *Tyrannosaurus rex* ebenfalls winzig. Am Ende der Trias beherrschten die Dinosaurier also ganz bestimmt noch nicht die Erde. Das sollte sich jedoch ändern.

Vor ungefähr 200 Millionen Jahren starb etwa die Hälfte der Tiere auf der Erde aus. Die Wissenschaftler sind sich nicht sicher, warum. Vielleicht hat sich nach dem Einschlag eines Asteroiden das Klima verändert, oder es gab Vulkanausbrüche. Viele säugetierähnliche Tiere verschwanden, aber die Dinosaurier überlebten. Plötzlich hatten sie weniger Wettbewerber, wenn es um Nahrung ging. Das Dino-Zeitalter hatte begonnen!

# Jura

Im Unterjura teilte sich der Riesenkontinent Pangäa. Die Landstücke, die später Nordamerika und Afrika werden sollten, drifteten auseinander. Wasser strömte in die Gräben dazwischen. Die Erde wurde feucht und tropisch.

Nur wenige Säugetiere hatten das Massensterben am Ende der Trias überlebt. Dinosaurier, Krokodile und Pterosaurier (Flugechsen) übernahmen nun die Macht.

Im Unterjura verbreiteten sich die Vogelbeckensaurier auf der Erde. Viele neue Arten tauchten auf. Einige sahen ganz anders aus als ihre zweibeinigen Vorfahren. Dazu gehörten gepanzerte Dinosaurier, die auf vier Beinen gingen und Hörner und Stacheln hatten. Die Vogelbeckensaurier wurden wahrscheinlich deshalb riesig, weil ihre Feinde, die Echsenbeckensaurier, auch größer wurden.

Die Echsenbeckensaurier werden in zwei Hauptgruppen eingeteilt – in die pflanzenfressenden Sauropoden und die fleischfressenden Theropoden. Die Theropoden hatten einige vogelähnliche Merkmale und gingen auf zwei Beinen. So hatten sie die Arme frei,

Fossilien von Vogelbeckensauriern findet man in Jura-Gestein auf der ganzen Welt, besonders in Nordamerika und Afrika. Echsenbeckensaurier waren aber noch zahlreicher.

Typische Jura-Pflanzen waren Koniferen und Farne.

Im Jura tauchten die ersten Vögel auf.

**Die Periode Jura**

| 260 | 200 | UNTERJURA VOR 200 BIS 176 MIO. J. | MITTELJURA VOR 176 BIS 161 MIO. J. | OBERJURA VOR 161 BIS 146 MIO. J. | 150 |

VOR MILLIONEN JAHREN (MIO. J.)

um ihre Beute zu ergreifen. Sie hatten scharfe Zähne, große Köpfe und als Gegengewicht lange, muskulöse Schwänze. Vom kleinen *Compsognathus* bis zum riesigen *Allosaurus* waren sie allesamt fürchterliche Raubtiere.

Im Vergleich zu ihren Raubtier-Cousins hatten die meisten Sauropoden massige Körper und liefen auf vier kräftigen Beinen. Ihre Hälse und Schwänze waren sehr lang und die Köpfe klein. In den Mäulern saßen stiftförmige Zähne zum Blätterrupfen. So bekannte Saurier wie *Diplodocus* und *Giraffatitan*, die sich im Unterjura entwickelten, gehören zu dieser Gruppe.

Paläontologen erforschen heute, wie die Dinosaurier miteinander – und mit anderen Tieren – verwandt sind, indem sie Gemeinsamkeiten in den Knochen untersuchen. Das kann recht schwierig sein: Oft wird nämlich nur ein Teil des Skeletts oder Fossils gefunden. Daher gibt es immer neue Ideen, wie der Dinosaurier-Stammbaum aussieht.

Computer helfen den Wissenschaftlern dabei, viele Daten zu sammeln und einzuschätzen. Sie erzeugen Stammbäume, die sich verzweigen. Arten mit gemeinsamen Eigenschaften werden auf demselben Zweig eingeordnet. Wenn du dich an so einem Stammbaum nach unten durcharbeitest, kannst du herausfinden, welche Dinosaurier gemeinsame Vorfahren hatten.

100    50    HEUTE

# Kreide

Die Kreidezeit war eine der wärmsten Phasen in der Geschichte unseres Planeten. Die Kontinente lösten sich noch weiter voneinander, der Meeresspiegel stieg an, und die Erde wurde feuchter.

Die ersten Blütenpflanzen entstanden und beherrschten bald das Landschaftsbild. Gebiete wie das heutige Frankreich waren tropisch. Sogar am Nordpol und am Südpol war es damals nicht kälter als heute in Norddeutschland.

Pflanzenfressende Vogelbeckensaurier waren nun der häufigste Dinosauriertyp. Sie wurden immer größer und unterschiedlicher: Es gab riesige, gepanzerte Ankylosaurier, gehörnte Ceratopsier oder Hadrosaurier mit „Entenschnäbeln". Nicht alle Pflanzenfresser machten sich so gut: Von den Sauropoden gab es nun weniger als im Jura. Vielleicht, weil ihre Lieblingsfutterpflanzen seltener wurden. Die überlebenden Sauropoden entwickelten

Einige Vogelbecken-
saurier lebten in Herden
und hatten ein ausgeprägtes
Sozialverhalten – wie
heutige Vögel. Andere hatten
Panzer, Stacheln
und Hörner.

Theropoden wie der Tyrannosaurus rex waren richtige Killermaschinen.

Bis auf einige vogelähnliche Saurier starben alle Dinosaurier aus.

VOR MILLIONEN JAHREN (MIO. J)
260  200  150

UNTERKREIDE
VOR
146 BIS 120 MIO

sich jedoch zu den größten Tieren, die je auf der Erde herumgelaufen sind, z. B. *Argentinosaurus* und *Dreadnoughtus*.

Zu den Theropoden – der anderen Hauptgruppe der Echsenbeckensaurier – gehörten jetzt riesige Raubtiere wie der *Tyrannosaurus rex* und kleinere, gefiederte wie der *Velociraptor*.

Am Ende der Kreidezeit gab es ein Massensterben vieler Tierarten, einschließlich der meisten Dinosaurier. Viele Wissenschaftler meinen, ein mächtiger Asteroid hätte so viel Staub in der Atmosphäre hinterlassen, dass monatelang kaum Sonnenlicht zur Erde durchdrang. Ohne Licht konnten die Pflanzen nicht wachsen, und ohne Pflanzen hatten die Saurier nichts zu fressen. Auch die Fleischfresser nicht, die ja die Pflanzenfresser fraßen. Vielleicht wurde das große Sterben auch durch einen Klimawandel verursacht. Wenn das stimmt, kam das Ende nicht so plötzlich, war für die Saurier aber genauso katastrophal.

Die Dinosaurier starben nicht vollständig aus. Einige Theropoden überlebten – die Vorfahren der heutigen Vögel. Jede Taube, jeder Spatz und jeder Strauß ist also ein „moderner Dinosaurier"!

Um als Fossil zu versteinern, muss ein Tier sterben und dann schnell von Sand, Staub, Asche oder Schlamm bedeckt werden. Auf dem Land sterben nicht viele Tiere so, daher haben die Forscher noch viele Wissenslücken. Wir kennen heute etwa 900 verschiedene Dinosaurierarten, wahrscheinlich gab es aber noch Hunderte oder Tausende mehr.

Die Periode Kreide

| MITTELKREIDE VOR 120 BIS 100 MIO. J. | 100 | OBERKREIDE VOR 100 BIS 66 MIO. J. | 50 | HEUTE |

# COELOPHYSIS

1947 entdeckten Forscher in New Mexico (USA) einen erstaunlichen Friedhof aus der Trias. Hunderte versteinerte Skelette des *Coelophysis bauri* waren an einer Stelle vergraben.

Der Fundort heißt Ghost Ranch – ein berühmter Steinbruch für Fossilien. Vor 210 Millionen Jahren lag die Gegend von Ghost Ranch näher am Äquator und war tropisch. Wissenschaftler glauben, dass durch extreme Regenfälle eine ganze Herde kleiner *Coelophysis*-Dinosaurier in einen Teich geschwemmt wurde, zusammen mit Fischen aus einem Fluss und anderen Tieren. Zugedeckt von Schlamm und Sand sind die Körper allmählich versteinert. Zu der Dino-Herde von Ghost Ranch gehörten viele Jungtiere, mit kürzeren Schnauzen und größeren Augen als bei ausgewachsenen Tieren.

*Coelophysis* war ein kleiner, schneller Fleischfresser, der Insekten und andere kleine Beutetiere jagte. Zwei der Fossilien hatten wohl sogar winzige Panzerechsen (Krokodile) im Bauch!

*Coelophysis* gehört zur Sauriergruppe der Theropoden, genau wie die gigantischen Fleischfresser der späteren Jura- und Kreidezeit, *Allosaurus* oder *Tyrannosaurus*. Einige Merkmale, die diese Raubtiere so furchterregend machten, findet man auch bei *Coelophysis* – z. B. besonders gezackte Zähne. Jede Zahnspitze hat feine Kerben und wird dadurch messerscharf. So kann man Fleisch und Knochen leicht zerreißen, ohne Zähne zu verlieren!

Wie die heutigen Raubvögel hatte *Coelophysis* ausgezeichnete Augen.

*Coelophysis* ist nach seinen hohlen Arm- und Beinknochen benannt, die ihn leicht und schnell machten. Ähnlich ist es bei Vögeln heute.

Weil so viele *Coelophysis* zusammen in Ghost Ranch starben, vermuten die Forscher, dass sie in Gruppen lebten.

**COELOPHYSIS STECKBRIEF**

| | |
|---|---|
| BEDEUTUNG | „HOHLFORM" |
| GATTUNG/ART | COELOPHYSIS BAURI |
| PERIODE | TRIAS |
| LEBTE | VOR 210 MIO. J. |
| ERNÄHRUNG | KARNIVORE |
| BENANNT | 1887 |
| LÄNGE | 3 M |
| HÖHE | 1,2 M (HÜFTHÖHE) |
| GEWICHT | 12,6 KG |

FUNDORT
In „Ghost Ranch" sind Dinosaurier-Fossilien eher selten, so viele Überreste anderer Urzeitechsen gibt es!

LANGER SCHWANZ
SCHARFE AUGEN
„GABELBEIN" IN DER BRUSTGEGEND (WIE BEI EINEM HUHN)
LANGER HALS
FLINKE BEINE
KURZE ARME
KRALLEN

# EOCURSOR

Die Paläontologen wissen nicht viel über die ersten Vogelbeckensaurier. Von den wenigen bisher gefundenen Fossilien war *Eocursor* mit am vollständigsten erhalten.

Durch den Vergleich von *Eocursor* mit anderen Saurierfossilien haben Wissenschaftler herausbekommen, wie das ganze Skelett aussah.

Die einzigen bekannten *Eocursor*-Knochen stammen von einem Jungtier. Weitere Funde würden den Forschern helfen, mehr über diesen frühen Dinosaurier herauszufinden.

Die ersten versteinerten Knochen des *Eocursor* wurden 1993 entdeckt. Es dauerte aber 14 Jahre, bis die Forscher genauer hinsahen und dem Dinosaurier einen eigenen Namen gaben. Nur ein Viertel des Skeletts wurde gefunden: Teile des Schädels, des Mauls, der Wirbelsäule sowie der Arme und Beine. Die Knochen stammen von einem fuchsgroßen Tier, das noch nicht ausgewachsen war, als es starb. Deswegen ist nicht ganz klar, wie groß ein *Eocursor* werden konnte.

Die Forscher wissen jedoch, dass der langbeinige Saurier ein guter Sprinter war. Wie spätere Vogelbeckendinosaurier auch, hatte *Eocursor* Zähne, die sich zum Pflanzenfressen eigneten. Schnell musste er wahrscheinlich sein, um Raubtieren zu entkommen – nicht, weil er selbst jagte. Große Hände mit Greiffingern sind ein weiterer Hinweis dafür, dass *Eocursor* ein früher Vogelbeckensaurier war.

*Triceratops*, *Pachycephalosaurus*, *Ankylosaurus* und *Stegosaurus* sind auch Vogelbeckensaurier. Sie sind wahrscheinlich Nachfahren von *Eocursor*. Die Fossilien des winzigen Zweibeiners aus der Trias haben den Forschern also geholfen, mehr über die Entwicklung der vierbeinigen Riesen zu erfahren.

*Eocursor* hatte ein Schambein, das zum Schwanz ausgerichtet war – wie bei einem heutigen Vogel. Daher kommt der Name „Ornithischia" (Vogelbeckensaurier).

- DREIECKIGE ZÄHNE
- VOGELÄHNLICHES BECKEN
- GROSSE HÄNDE
- LANGE BEINE
- LANGER SCHWANZ

### EOCURSOR STECKBRIEF

| | |
|---|---|
| BEDEUTUNG | „LÄUFER DER MORGENRÖTE" |
| GATTUNG/ART | *EOCURSOR PARVUS* |
| PERIODE | OBERTRIAS |
| LEBTE | VOR 220 MIO. J. |
| ERNÄHRUNG | HERBIVORE |
| BENANNT | 2007 |
| LÄNGE | MIND. 1 M |
| HÖHE | MIND. 30 CM (HÜFTHÖHE) |
| GEWICHT | MIND. 2 KG |

#### FUNDORT

*Eocursor*-Fossilien wurden bisher nur auf dem Gelände einer Farm in Südafrika gefunden. Andere Fossilien von triassischen Vogelbeckensauriern stammen aus Argentinien.

„ROAD RUNNER" IST DER SPITZNAME VON *EOCURSOR*. SO HEISST EINE KLEINE, SCHNELLE ZEICHENTRICKFIGUR.

# EORAPTOR

Für einen Saurier, der nicht viel größer war als ein Huhn, bekommt der Eoraptor viel Aufmerksamkeit. Er ist einer der frühesten zweibeinigen Dinosaurier.

Zunächst hielten die Forscher *Eoraptor* für einen fleischfressenden Vorfahren des *Tyrannosaurus*. Er lief auf zwei Beinen, hatte kurze Arme und scharfe Klauen, sah also wie ein Jäger aus. Kein Wunder, dass er „Raptor" („Räuber") genannt wurde. Eine genauere Untersuchung lässt aber vermuten, dass *Eoraptor* auch mit riesigen pflanzenfressenden Sauropoden wie *Diplodocus* verwandt ist.

Eoraptor hatte über 100 Zähne im Maul (wie die meisten Dinosaurier) – kleine, scharfe Zähne mit Sägekanten *und* abgerundete, stiftförmige Zähne. Das bedeutet, dass er wahrscheinlich sowohl weiche Pflanzen als auch kleine Tiere fraß. Sein Schädel zeigt große Nasenlöcher und den Ansatz eines Keratinschnabels, den viele Sauropoden haben. Auch seine verdrehten Fingerknochen ähneln denen von pflanzenfressenden Dinosauriern. Die langen, kräftigen Beine waren sicher gut zum Sprinten. Möglicherweise hat *Eoraptor* sie gar nicht gebraucht, um Beute zu verfolgen, sondern um vor Raubtieren wie *Herrerasaurus* zu fliehen!

Einige Forscher glauben, dass *Eoraptor* ein Vorfahre von Theropoden und Sauropoden war. Sie bräuchten neue Fossilienfunde aus der Trias, um das zu klären.

*Eoraptor* war vielleicht sogar gar kein Dinosaurier, sondern Archosaurier (ein Dino-Vorfahre)!

Ischigualasto ist eine supertrockene Wüste in Argentinien. Sie ist „Weltnaturerbe" und für die Geologie sehr wichtig.

## EORAPTOR STECKBRIEF

| | |
|---|---|
| BEDEUTUNG | „RÄUBER DER MORGENRÖTE" |
| GATTUNG/ART | *EORAPTOR LUNENSIS* |
| PERIODE | TRIAS |
| LEBTE | VOR 230 BIS 225 MIO. J. |
| ERNÄHRUNG | OMNIVORE |
| BENANNT | 1993 |
| LÄNGE | 1,2 M |
| HÖHE | 50 CM |
| GEWICHT | 2 KG |

**FUNDORT**
Das meiste, was wir über die ersten Dinosaurier wissen, beruht auf den vielen Fossilien aus Ischigualasto. Vor 230 Mio. Jahren gab es dort sumpfige Wälder. Knochen hatten gute Chancen, unter Sand und Schlamm begraben zu werden!

GROßE NASENLÖCHER

KLEINER KOPF

KURZE ARME

DREI FINGER MIT KLAUEN

LANGE HINTERBEINE

EORAPTOR-KNOCHEN WAREN HOHL UND SEHR LEICHT.

# HERRERASAURUS

*Herrerasaurus* lebte in der Frühzeit der Dinosaurier. Er zeigt uns, wie ein Dino-Urahn ausgesehen haben könnte.

## HERRERASAURUS STECKBRIEF

| | |
|---|---|
| BEDEUTUNG | „HERRERAS ECHSE" |
| GATTUNG/ART | *HERRERASAURUS ISCHIGUALASTENSIS* |
| PERIODE | OBERTRIAS |
| LEBTE | VOR 225 MIO. J. |
| ERNÄHRUNG | CARNIVORE |
| BENANNT | 1963 |
| LÄNGE | 3 BIS 4 M |
| HÖHE | 1,10 M (HÜFTHÖHE) |
| GEWICHT | 180 KG |

### FUNDORT
*Herrerasaurus*-Fossilien stammen aus der Ischigualasto-Formation im Nordwesten Argentiniens – dem einzigen Ort der Erde, wo Fossilien aus jedem Zeitabschnitt der Trias vorkommen.

*Herrerasaurus* wurde nach dem argentinischen Rinderfarmer Victorino Herrera benannt, der Paläontologen 1958 geholfen hat, *Herrerasaurus*-Fossilien zu finden. Allerdings nur die hintere Hälfte des Skeletts. Keiner wusste, wie *Herrerasaurus* von vorn aussah, bis in den 1980er Jahren neue Fossilien gefunden wurden. Danach knobelten die Forscher an einem großen *Herrerasaurus*-Puzzle mit vielen Teilen von verschiedenen Sauriern. Obwohl das Puzzle fertig ist, sind sich die Wissenschaftler noch nicht einig, ob *Herrerasaurus* wirklich ein Dinosaurier ist. Die meisten typischen Merkmale hat er zwar, ein paar aber auch nicht.

Auf jeden Fall war *Herrerasaurus* ein furchteinflößender Fleischfresser! Er hatte lange Finger mit hakenartigen Krallen, außerdem gezackte, sägeartige Zähne und ein gut bewegliches Kiefergelenk. Andere Fossilien von Pflanzen und Tieren aus der Umgebung haben etwas über den Lebensraum des *Herrerasaurus* verraten. Er lebte in großen Koniferenwäldern. Vermutlich lief er zwischen Farnen und Schachtelhalmen herum, um säugetierähnliche Reptilien, Echsen, Amphibien und riesige Trias-Insekten zu jagen.

Der Schachtelhalm ist ein „lebendes Fossil". Die Pflanze hat die Saurier überlebt und wächst heute noch.

*Herrerasaurus*-Fossilien wurden 1958 gefunden, zwei Jahre in einem argentinischen Hafen weggeschlossen – und dann vergessen!

Einige Forscher meinen, dass *Herrerasaurus* ein früher Theropode war. Andere glauben: Er war gar kein richtiger Dinosaurier.

- RECHTECKIGER KOPF
- SCHLANKER HALS
- KURZE ARME
- DREI LANGE FINGER
- LANGE HINTERBEINE

MIT SEINEM BEWEGLICHEN KIEFER KONNTE *HERRERASAURUS* ZAPPELNDE BEUTE FESTHALTEN, OHNE SICH ZU VERLETZEN.

# MUSSAURUS

Riesig, schwerfällig, grausam... so sind viele Dinosaurier. Als *Mussaurus* entdeckt wurde, kam eine neue Eigenschaft dazu: niedlich.

In den 1970er Jahren wurde ein winziges Skelett ausgegraben. Es war nur 20 cm lang, nicht größer als eine Ratte. Die Paläontologen nannten ihre Entdeckung „Mausechse". Dass insgesamt sechs ähnliche Skelette und zwei versteinerte Eier gefunden wurden, sprach dafür, dass es Jungtiere waren. Wo aber waren die Eltern? Zuerst glaubten die Wissenschaftler, dass sie *Plateosaurus*-Fossilien entdeckt hatten. Dann erkannten sie, dass die kleinen Skelette zu einer brandneuen Spezies gehörten: *Mussaurus*.

Die versteinerten Schädel zeigen, dass *Mussaurus*-Babys einen großen Kopf, große Augen und eine kurze, abgerundete Schnauze hatten – wie viele Tierbabys heute. Ein niedliches Aussehen bestärkt die Eltern nämlich darin, auf ihre Kinder aufzupassen, statt sie zu verstoßen oder – noch schlimmer – zu fressen! So kümmerten sich auch die *Mussaurus*-Eltern um ihre Babys und beschützten sie im Nest, bis sie für sich selbst sorgen konnten.

*Mussaurus* wuchs ziemlich stark – kein Wunder, dass die Wissenschaftler so lange brauchten, um die Erwachsenenskelette mit den großköpfigen Kindern in Verbindung zu bringen! Der Schädel wurde etwa dreimal so lang, die Augen schmaler und die Beine kräftig. Der Körper wuchs wesentlich schneller als der Kopf: Im Verhältnis zu seiner Größe hatte *Mussaurus* ein kleines Gehirn. Lange Vorderbeinknochen deuten darauf hin, dass dieser Saurier Vierbeiner war und seinen langen Hals dazu benutzte, an leckere Blätter heranzukommen.

Viele Forscher meinen, dass Prosauropoden wie *Mussaurus* die Urahnen von Giganten wie *Apatosaurus* sind.

*Mussaurus* brauchte seine langen, abgerundeten Zähne wahrscheinlich, um Kiefernnadeln abzureißen und Farn zu knabbern. Die Jungen fraßen vielleicht auch Insekten.

SCHARFE ZÄHNE

LANGER HALS

BREITER SCHWANZ (AM ANSATZ)

GROSSE KLAUE (DAUMEN)

KRÄFTIGE OBERSCHENKEL

FÜNF FINGER

Fossilien zeigen, wie *Mussaurus* sich entwickelt hat: vom Baby zum „Teenager" und zum Erwachsenen.

EIN FRISCH GESCHLÜPFTER *MUSSAURUS* WAR NICHT EINMAL 3 CM LANG.

## MUSSAURUS STECKBRIEF

| | |
|---|---|
| BEDEUTUNG | „MAUSECHSE" |
| GATTUNG/ART | *MUSSAURUS PATAGONICUS* |
| PERIODE | OBERTRIAS |
| LEBTE | VOR 228 BIS 209 MIO. J. |
| ERNÄHRUNG | HERBIVORE |
| BENANNT | 1979 |
| LÄNGE | 3 M |
| HÖHE | 80 CM |
| GEWICHT | 100 KG |

**FUNDORT**
Mussaurus wurde im Süden von Argentinien entdeckt, in Patagonien. Die Felsen dort entstanden vor etwa 215 Mio. Jahren. So kamen die Forscher darauf, wie alt Mussaurus ist.

LANGER SCHWANZ

# PLATEOSAURUS

Plateosaurus war ein wirklich GROßER früher Saurier. Für Trias-Fossilien sind seine Überreste leicht zu finden, daher wissen wir viel über ihn.

Ein Blick durchs Mikroskop kann Wissenschaftlern verraten, wie schnell Knochen gewachsen sind. Ein bisschen so, als würden sie Jahresringe an einem Baumstamm zählen. Die Knochen von *Plateosaurus* sorgten für eine Überraschung. Sie zeigten, dass einige ausgewachsene Tiere doppelt so groß waren wie andere. Folglich könnte *Plateosaurus* je nachdem, in welcher Umgebung er lebte, unterschiedlich viel gewachsen sein. Manche heutigen Reptilien tun das auch – aber *Plateosaurus* ist wohl der einzige Dinosaurier, der diesen Trick beherrschte. Vielleicht gehörten die kleineren Tiere aber auch zu einer anderen Art. Oder die *Plateosaurus*-Weibchen waren kleiner als die Männchen (oder andersherum).

Die blattförmigen Zähne des *Plateosaurus* zeigen, dass er Pflanzen fraß. Andere triassische Herbivoren mussten sich mit Pflanzen begnügen, die in Bodennähe wuchsen. *Plateosaurus* stellte sich dagegen auf die Hinterbeine und kam mit seinem langen Hals an Bäume heran. Seine langen, scharfen Klauen halfen ihm, Äste zu ergreifen und abzureißen. Bis irgendwann die Riesensaurier des Jura erschienen, hatte *Plateosaurus* die Baumspitzen für sich!

*Plateosaurus* gehört zur Gruppe der Prosauropoden, ist also mit gigantischen Sauropoden wie *Apatosaurus* verwandt. Die Forscher interessieren sich auch deshalb für das Wachstum von *Plateosaurus*, weil sie verstehen wollen, wie die Sauropoden so gewaltig groß werden konnten.

Zuerst dachten die Forscher, *Plateosaurus* sei gehüpft wie ein Känguru. 3-D-Computermodelle legen aber nahe, dass er auf zwei Beinen herumschlenderte.

*Plateosaurus engelhardti* ist nach dem deutschen Wissenschaftler Johann Friedrich Engelhardt benannt, der die ersten Fossilien der Art fand.

An einer Stelle in Deutschland hat man die Knochen von 50 dieser Saurier gefunden.

KLEINER KOPF
LANGER HALS
STÄMMIGER KÖRPER
LANGE HINTERBEINE
FÜNF FINGER
FÜNF ZEHEN

PLATEOSAURUS-FOSSILIEN KOMMEN OFT IN MASSEN VOR. WAHRSCHEINLICH LEBTEN DIE TIERE IN HERDEN.

## PLATEOSAURUS STECKBRIEF

| | |
|---|---|
| BEDEUTUNG | „FLACHE ECHSE" |
| GATTUNG/ART | *PLATEOSAURUS ENGELHARDTI* |
| PERIODE | OBERTRIAS |
| LEBTE | VOR 210 MIO. J. |
| ERNÄHRUNG | HERBIVORE |
| BENANNT | 1837 |
| LÄNGE | 6 BIS 8 M |
| HÖHE | UNBEKANNT |
| GEWICHT | 4.000 KG |

**FUNDORT**
An über 40 Orten in Deutschland, der Schweiz und in Frankreich wurden mehr als 100 *Plateosaurus*-Fossilien gefunden.

# ALLOSAURUS

*Allosaurus* war im Oberjura ein großes, gefährliches Raubtier – stark genug, um riesige Sauropoden zur Strecke zu bringen.

*Allosaurus* hatte einen mächtigen Schädel, sein Biss war jedoch nur ein Viertel so stark wie der eines *Tyrannosaurus* und nur etwa halb so stark wie der eines heutigen Löwen. Statt Knochen zu durchbeißen, hat *Allosaurus* seine Zähne vermutlich blitzartig in seine Beute gehauen, sie mit den Armen festgehalten und seine starken Halsmuskeln eingesetzt, um seinen Kopf zurückzuziehen und ein Stück Fleisch abzureißen. So ähnlich macht ein Komodowaran das heute noch. Im *Allosaurus*-Kiefer saßen 5 bis 10 cm lange, dolchartige Zähne. Sie waren nach hinten gekrümmt, damit der Jäger seine zappelnde Beute gut festhalten konnte.

*Allosaurus*-Zahnspuren wurden auf den Fossilien so großer Saurier wie *Apatosaurus* und *Stegosaurus* gefunden. Tierleichen noch größerer Sauropoden hat *Allosaurus* wohl auch nicht verschmäht.

Die Wissenschaftler wissen mehr über diesen Raubsaurier als über viele andere Theropoden, weil sie Fossilien verschiedener Altersgruppen gefunden haben. Diese zeigen, dass *Allosaurus* mit 15 Jahren ausgewachsen war und etwa 25 Jahre alt wurde. Die großen Sauropoden konnten über 50 Jahre alt werden.

*Allosaurus*-Skelette verraten, dass die Räuber sich bei ihren heftigen Angriffen oft verletzt haben, aber auch rasch wieder erholten. Ein Skelett weist in der Regel Spuren von mindestens zehn verschiedenen Verletzungen auf – gebrochenen Knochen, beschädigten Klauen oder Entzündungen. Einstiche von den Stacheln eines *Stegosaurus* fanden sich bei zwei *Allosaurus*-Fossilien in den Schwanz- und Beckenknochen. Die *Allosaurus*-Zähne wuchsen offenbar schnell wieder nach, wenn sie beim Fressen abbrachen.

## ALLOSAURUS STECKBRIEF

| | |
|---|---|
| BEDEUTUNG | „ANDERSARTIGE ECHSE" |
| GATTUNG/ART | *ALLOSAURUS FRAGILIS* |
| PERIODE | OBERJURA |
| LEBTE | VOR 150 BIS 144 MIO. J. |
| ERNÄHRUNG | CARNIVORE |
| BENANNT | 1877 |
| LÄNGE | 12 M |
| HÖHE | 4,5 M (HÜFTHÖHE) |
| GEWICHT | 1.500 BIS 2.000 KG |

**FUNDORT**
Die meisten *Allosaurus*-Fossilien fand man im Westen der USA – z. B. Knochen von über 45 Tieren in einem Steinbruch in Utah – und in Portugal. Fossilien von *Allosaurus*-Nachfahren stammen aus Afrika, Australien und Nordamerika.

Durch seine nach vorn gerichteten Augen konnte *Allosaurus* räumlich sehen: praktisch, wenn ein Beutetier direkt vor ihm stand.

*Allosaurus* war ca. 32 km/h schnell. Langsamer als ein menschlicher Sprinter, aber schnell genug, um tapsende Beute einzuholen!

*Allosaurus* wurde nach seinen Rückenknochen benannt, die ganz anders aussahen als die von anderen Sauriern.

- KNÖCHERNE HÖRNER
- GEWALTIGES GEBISS
- DREI FINGER
- DREI ZEHEN
- GROSSE TATZEN
- LANGE KLAUEN (15 CM)
- MÄCHTIGE FÜSSE
- LANGER SCHWANZ
- STÄMMIGE BEINE

OBERSCHENKELKNOCHEN DES *ALLOSAURUS* WAREN BIS ZU 1 M LANG.

# ARCHAEOPTERYX

Ist das ein Vogel? Ein Flugzeug? Oder... ein Dinosaurier? Viele Wissenschaftler hielten *Archaeopteryx* zunächst für den Urvogel.

*Archaeopteryx* ist mit Raptoren wie *Sinornithosaurus* verwandt. Das waren Saurier mit stummeligen Federn, die aber nicht fliegen konnten.

Obwohl *Archaeopteryx* nur so groß ist wie ein Rabe, hat er die Welt im Sturm erobert. Der Grund dafür sind versteinerte Federabdrücke rund um seine perfekt erhaltenen Knochen. Die Wissenschaftler meinen, dass die *Archaeopteryx*-Flügel die richtige Form zum Fliegen und Gleiten hatten. Flügel mit Federn reichen aber nicht aus, um sich in die Luft zu schwingen – Vögel brauchen auch ein Gehirn, das diese schwierige Aufgabe steuern kann. Gehirne bestehen aus Weichgewebe, das nicht versteinern kann. Zum Glück hinterlassen Vogelhirne oft Spuren am Schädel. Sie verraten den Forschern, wie groß die einzelnen Gehirnbereiche waren.

*Archaeopteryx* hat allerdings auch Merkmale, die lebende Vögel nicht haben: Zähne, einen langen, knochigen Schwanz, Spezialknochen zum Schutz seines weichen Bauches und Klauen an den Flügeln. Ihm fehlt der große Brustbeinkamm, an dem die Flugmuskulatur von Vögeln ansetzt.

Möglicherweise konnte *Archaeopteryx* zwar mit den Flügeln schlagen, aber nicht damit abheben. Flügelschlagen war für ihn vielleicht nützlich beim Gleiten, oder um das Gleichgewicht zu halten, wenn er Beute festhielt. Die Federn sollten ihn vielleicht nur warmhalten. Das alles würde dafür sprechen, dass *Archaeopteryx* nicht der Vorfahre aller Vögel war. Wie auch immer – er ist ein sehr interessantes Fossil!

Der Gehirnabdruck ergab: *Archaeopteryx* hatte eine gute Balance und Sehkraft – ein Anzeichen dafür, dass er fliegen konnte.

- KNÖCHERNER SCHWANZ
- FEDERN
- KLEINE, KEGELFÖRMIGE ZÄHNE
- KRALLEN

*ARCHAEOPTERYX* WAR WEDER EINDEUTIG DINOSAURIER NOCH VOGEL. ER HAT VON BEIDEN ETWAS.

## ARCHAEOPTERYX STECKBRIEF

| | |
|---|---|
| BEDEUTUNG | „URALTER FLÜGEL" |
| GATTUNG/ART | ARCHAEOPTERYX LITHOGRAPHICA |
| PERIODE | OBERJURA |
| LEBTE | VOR 147 MIO. J. |
| ERNÄHRUNG | CARNIVORE |
| BENANNT | 1861 |
| LÄNGE | 50 CM |
| HÖHE | 70 CM |
| GEWICHT | 500 G |

### FUNDORT
Im bayerischen Steinbruch Solnhofen fand ein Arbeiter das erste *Archaeopteryx*-Skelett. Heute ist es das wertvollste Fossil im Naturhistorischen Museum in London.

# DILOPHOSAURUS

Stell dir vor, du wartest ewig auf einen Saurier – und dann findest du gleich drei! 1942 passierte das in Arizona (USA) mit den ersten *Dilophosaurus*-Fossilien.

Zuerst dachten die Forscher, die Knochen gehörten zu einem anderen großen Fleischfresser aus dem Jura, *Megalosaurus*. Im Jahr 1964 fand man dann aber einen ganzen Schädel. Jetzt war klar: Das war ein neuer Dinosaurier. Unverkennbar machten ihn zwei Knochenkämme auf dem Kopf.

*Dilophosaurus* war einer der ersten großen Fleischfresser. Weil drei Skelette zusammen gefunden wurden, vermuten die Wissenschaftler, dass er in Kleingruppen jagte.

Obwohl *Dilophosaurus* scharfe Zähne besaß, konnte er seine Beute nicht mit einem Biss töten. Dafür waren seine Kiefer zu schwach. Stattdessen benutzte er seine Zähne, um Fleisch aus Kadavern zu rupfen. Ob er Aasfresser war? Oder andere Tiere mit seinen klauenbewehrten Gliedmaßen überwältigte?

Mittlerweile gibt es Anhaltspunkte dafür, dass *Dilophosaurus* seine Beute selbst umbrachte. Seine Hände haben „Daumen", womit er die Beute ergreifen konnte, und die Klauen an seinen Füßen waren gute Waffen. Ein *Dilophosaurus* aus Arizona hatte acht große Verletzungen – Rekord für einen Theropoden! All die Brüche und Schäden an seinen Arm- und Handknochen sind vermutlich beim Jagen und Töten entstanden.

## DILOPHOSAURUS STECKBRIEF

| | |
|---|---|
| BEDEUTUNG | „ZWEIKAMMECHSE" |
| GATTUNG/ART | DILOPHOSAURUS WETHERILLI |
| PERIODE | UNTERJURA |
| LEBTE | VOR 200 BIS 190 MIO. J. |
| ERNÄHRUNG | CARNIVORE |
| BENANNT | 1954/1970 |
| LÄNGE | 6 BIS 7 M |
| HÖHE | 2,4 M |
| GEWICHT | 450 KG |

**FUNDORT** Skelette von *Dilophosaurus wetherilli* wurden nur in Arizona (USA) gefunden. Fossilien einer ähnlichen Art fand man in China.

*Dilophosaurus* lebte in der Nähe von Flüssen und Seen. Vielleicht fraß er auch Fische.

*Dilophosaurus* war einer der ersten Theropoden mit Kamm. Der sollte wahrscheinlich Eindruck machen – wie das Pfauenrad – oder war ein Erkennungszeichen für Artgenossen.

DIESER SAURIER WOG SO VIEL WIE EIN KLEINES PFERD.

FÄCHERFÖRMIGE KÄMME • GROSSER KOPF • LANGE ZÄHNE • KIEFER WIE EIN KROKODIL • HÄNDE MIT FÜNF FINGERN

# DIPLODOCUS

*Diplodocus* ist einer der bekanntesten Saurier der Welt. Dabei steckt dieser Gigant voller Überraschungen.

*Diplodocus* punktet damit, das längste vollständige Saurierskelett zu haben, das je gefunden wurde. Seinen Hals konnte er dreimal weiter ausstrecken als eine Giraffe, wobei er sein Gleichgewicht mit dem noch längeren Schwanz hielt. Hat er den Hals nach oben gestreckt, um Baumkronen zu erreichen, nach vorn, um „Rasen zu mähen" oder gebogen wie ein Flamingo? So, wie seine Halsknochen zusammenstecken, lag das meiste Gewicht hinten, zum Rücken hin. Deshalb glauben die Forscher, dass *Diplodocus* sich auf den Hinterbeinen aufrichten konnte, um hoch oben Laub zu fressen. Er ernährte sich aber auch von niedrigeren Pflanzen.

Für jeden Zahn hatte *Diplodocus* fünf Ersatzzähne. Alle 35 Tage hat er einen Zahn gewechselt. Falls er am Boden weidete, hat er dabei vielleicht versehentlich Steinchen aufgenommen, sodass die Zähne sich schnell abnutzten. Alle sechs Monate ein neues Gebiss zu bekommen ist sicher praktisch, wenn man Pflanzen schnell zerkauen will!

*Diplodocus* und seine nahen Verwandten hatten einen Schwanz, der sich zu einem dünnen und biegsamen Ende verjüngte – ein Anhaltspunkt dafür, dass der Schwanz nicht nur zum Ausbalancieren da war. Durch Computermodelle kam jetzt heraus: Wenn *Diplodocus* seinen gigantischen Hintern schüttelte, wurde eine solche Kraft übertragen, dass die Schwanzspitze schneller war als der Schall! Das Hin- und Herpeitschen erzeugte einen lauten Knall.

## DIPLODOCUS STECKBRIEF

| | |
|---|---|
| BEDEUTUNG | „DOPPELBALKEN" |
| GATTUNG/ART | *DIPLODOCUS LONGUS* |
| PERIODE | JURA |
| LEBTE | VOR 156 BIS 145 MIO. J. |
| ERNÄHRUNG | HERBIVORE |
| BENANNT | 1878 |
| LÄNGE | 26 M |
| HÖHE | 14 M |
| GEWICHT | 25.000 KG |

**FUNDORT**
*Diplodocus*-Skelette wurden im Gestein der Morrison-Formation im Westen der USA gefunden. Ein Skelett ist bis zu 33 m lang – so wie drei Doppeldeckerbusse.

---

Der enorme Schwanz diente vielleicht dazu, Raubtiere abzuwehren. Oder um sich über weite Strecken hinweg mit Artgenossen zu unterhalten.

STIFTFÖRMIGE ZÄHNE

NASENLÖCHER OBEN

LANGER HALS

BREITE, ECKIGE SCHNAUZE

WINZIGER KOPF

GEWALTIGER SCHWANZ MIT DÜNNEM ENDE

*DIPLODOCUS* WAR SO GROß, DASS ER DAUERND FRESSEN MUSSTE, UM ZU ÜBERLEBEN.

FÜNF ZEHEN

GROßE KLAUEN

*Diplodocus* teilte seinen Lebensraum mit anderen riesigen Sauropoden, z. B. *Supersaurus* und *Dreadnoughtus*. Sie waren vielleicht noch länger als *Diplodocus*. Bisher wurden aber nur Teile ihrer Skelette gefunden.

# GIRAFFATITAN

Stell dir vor, du wärst fast 100 Jahre lang mit dem falschen Namen angesprochen worden! So ging es *Giraffatitan*, der gar kein *Brachiosaurus* ist.

*Giraffatitan* und *Brachiosaurus* sind zwei der schwersten und größten Sauropoden überhaupt. Beide hatten superlange Giraffenhälse, längere Vorderbeine als Hinterbeine und – im Vergleich zu *Diplodocus* – eher kurze Schwänze. Es ist kein Wunder, dass *Giraffatitan* erst einmal *Brachiosaurus brancai* genannt wurde.

Im 20. Jahrhundert kamen den Experten aber Zweifel. Ungefähr 100 Jahre nach der Entdeckung von *Brachiosaurus brancai* hatten sie beim Vergleich der fossilen Knochen so viele Unterschiede festgestellt, dass sie folgerten: Dies war ein ganz anderes Tier – so wie sich ein Löwe von einem Tiger unterscheidet. Also bekam der Saurier den neuen Namen *Giraffatitan*.

Die Forscher sind sehr an den Körpern der Sauropoden interessiert. Schließlich wird keines unserer Landtiere so riesengroß! Am erstaunlichsten ist der lange Hals. *Giraffatitan* hatte dadurch vielleicht den Vorteil, dass er stehend an sehr viel Futter herankam – ohne Energie fürs Laufen zu verschwenden. Vielleicht hat er auch wie die heutigen Giraffen aus Baumkronen gefressen. Aber Giraffen werden nicht so hoch wie ein vierstöckiges Haus …

Einige Forscher fragen sich, ob *Giraffatitan* den Hals brauchte, um seinen gigantischen Körper zu kühlen. Alle großen Tiere überhitzen schnell. Elefanten lösen das Problem, indem sie sich mit ihren Ohren Luft zufächeln. Der Hals der Sauropoden könnte einem ähnlichen Zweck gedient haben. Also haben sich da vielleicht ganze *Giraffatitan*-Herden mit wedelnden Hälsen abgekühlt!

Obwohl *Giraffatitan* und *Brachiosaurus* ähnlich groß waren, sahen sie wahrscheinlich ganz verschieden aus: Ihre Fossilien unterscheiden sich in mindestens 26 Merkmalen.

GEWÖLBTER SCHÄDEL

KLEINER KOPF

NASENLÖCHER OBEN

*Giraffatitans* Nasenlöcher saßen oben auf dem Kopf. So konnte er gleichzeitig atmen und fressen.

SEHR LANGER HALS

Man hat Halsknochen entdeckt, die von einem noch größeren Tier als *Argentinosaurus* stammen könnten.

MITTELLANGER SCHWANZ

GIRAFFATITAN KONNTE BLÄTTER NICHT KAUEN. ER MUSSTE STÄNDIG PFLANZEN VERSCHLINGEN, UM SEIN RIESENGEWICHT ZU HALTEN.

LANGE VORDERBEINE

## GIRAFFATITAN STECKBRIEF

| | |
|---|---|
| BEDEUTUNG | „RIESENHAFTE GIRAFFE" |
| GATTUNG/ART | *GIRAFFATITAN BRANCAI* |
| PERIODE | OBERJURA |
| LEBTE | VOR 155 BIS 140 MIO. J. |
| ERNÄHRUNG | HERBIVORE |
| BENANNT | 1988 |
| LÄNGE | 23 BIS 25 M |
| HÖHE | 13 M |
| GEWICHT | 23.000 BIS 25.000 KG |

FUNDORT
Die ersten *Giraffatitan*-Fossilien kamen Anfang des 20. Jahrhunderts aus Tansania in Afrika und bekamen 1914 den Namen *Brachiosaurus brancai*.

# SCELIDOSAURUS

Dieser knubbelige kleine Pflanzenfresser ist ziemlich wichtig! Er hilft uns herauszufinden, wie die gepanzerten Saurier ihre Schilde entwickelt haben.

*Scelidosaurus* ist einer der ersten gepanzerten Dinosaurier, ein möglicher Vorfahr von *Ankylosaurus* und *Stegosaurus*. Er ist viel kleiner als die Riesen aus der Kreidezeit, lief aber wie sie auf allen vieren und hatte eine schuppige Haut, auf der Knochenplatten (Osteoderme) saßen. Die Knochenschilde waren innen schwammartig und außen fest verhornt.

*Scelidosaurus* war der erste Dinosaurier, dessen Skelett vollständig freigelegt wurde. Das Fossil war von hartem Kalkstein umgeben. Dadurch, dass man Säure einsickern ließ, hat man den Stein allmählich aufgelöst und die Fossilien freigelegt. Sie sind sehr gut erhalten! Sogar versteinertes Weichgewebe (z. B. Haut) gehört dazu, was sehr selten vorkommt. Die Forscher entdeckten, dass die Knochenplatten des *Scelidosaurus* – und wahrscheinlich die aller gepanzerten Dinosaurier – in die Haut eingebettet waren. Die Platten sollten vielleicht Raubtiere abschrecken (wer *Scelidosaurus* biss, hatte bestimmt Zahnschmerzen) oder Artgenossen beeindrucken.

*Scelidosaurus* hatte einen Hornschnabel und stiftförmige Zähne, um Farne oder Koniferenzweige abzureißen. In seinen Wangen konnte er viel Futter aufnehmen. Zähne zum Zerkauen hatte er nicht. Wahrscheinlich hat er Steine geschluckt, die dann die Nahrung in seinem Körper zermahlten, wie bei heutigen Krokodilen und manchen Vögeln.

## SCELIDOSAURUS STECKBRIEF

**BEDEUTUNG** „GLIEDERECHSE"
**GATTUNG/ART** *SCELIDOSAURUS HARRISONII*
**PERIODE** UNTERJURA
**LEBTE** VOR 206 BIS 180 MIO. J.
**ERNÄHRUNG** HERBIVORE
**BENANNT** 1861
**LÄNGE** 4 M
**HÖHE** 1 M
**GEWICHT** 200 KG

**FUNDORT**
*Scelidosaurus* wurde nur in der Grafschaft Dorset an der südenglischen Küste gefunden. Ähnlich sah *Scutellosaurus* aus, ein weiterer früher Panzersaurier aus Nordamerika.

*Scelidosaurus*-Fossilien stammen aus einem Gebiet, das im Unterjura unter Wasser lag. Vielleicht wurde eine Herde durch einen Tsunami ins Meer geschwemmt: beste Bedingungen, um zu versteinern!

Erstaunlicherweise sind die Knochen bei manchen *Scelidosaurus*-Skeletten immer noch verbunden. Gut für die Detektivarbeit, wie der Saurier ausgesehen hat!

WANGEN
SCHNABEL
KNOCHENPLATTEN IN REIHEN
RECHT LANGER HALS
VIER STÄMMIGE BEINE
HUFÄHNLICHE KLAUEN

*SCELIDOSAURUS* BEKAM SEINEN NAMEN VON RICHARD OWEN, DER 1842 AUCH DAS WORT „DINOSAURIER" ERFAND.

# STEGOSAURUS

10 Jahre lang rätselten die Forscher, wie die Knochenplatten auf *Stegosaurus* saßen – und 100 Jahre lang, wozu sie gut waren.

*Stegosaurus*-Fossilien fehlen oft Teile. Eines der vollständigsten Skelette (heute im Naturhistorischen Museum in London) hat ein Farmer mit Planierraupe entdeckt!

*Stegosaurus* ist der größte der Stegosaurier, einer Familie von Herbivoren, die vom Mitteljura bis zur Unterkreide lebten. Alle hatten hochstehende Knochenplatten auf dem Rücken.

Als das erste *Stegosaurus*-Fossil ausgegraben wurde, meinten die Forscher, dass die Platten den Rücken des Tieres flach bedeckten, wie Dachziegel. Mit dem Fund eines weiteren Fossils, das auf der Seite lag, wurde dann klar, dass die Sache noch merkwürdiger war: Die Platten ragten vom Hals bis zum Schwanz in zwei Reihen in die Höhe. Sie waren nicht Teil des Skeletts, sondern saßen auf der Haut. Aber wozu dienten sie? Zum Schutz gegen Feinde, zur Regelung der Körperwärme oder zum Werben um einen Partner? Stolz zur Schau gestellte Knochenplatten könnten eine Möglichkeit gewesen sein, sich untereinander zu erkennen, sie unterschieden sich nämlich von Tier zu Tier.

Versteinerte Spuren verraten den Wissenschaftlern, ob Dinosaurier allein oder in Gruppen gelebt haben. *Stegosaurus*-Fußabdrücke von Babys, jungen und erwachsenen Tieren wurden zusammen gefunden. Diese Dinosaurier lebten zwar nicht in Herden, aber anscheinend sicherheitshalber in Kleingruppen.

Ein beschädigtes Schwanzende von einem *Stegosaurus* deutet darauf hin, dass er seine bis 1 m langen Schwanzstacheln als Waffe eingesetzt hat. Der Schwanz konnte wohl so heftig schwingen, dass die Stacheln die harte Haut eines Karnivoren durchbohrten. Wunden davon findet man sogar beim *Allosaurus*. Da Stegosaurus langsamer wuchs als andere Dinosaurier, war Verteidigung für ihn sicher besonders wichtig.

Das *Stegosaurus*-Gehirn war so groß wie ein Golfball, während das Hirn des Afrikanischen Elefanten dreimal so groß ist wie das des Menschen.

## STEGOSAURUS STECKBRIEF

| | |
|---|---|
| BEDEUTUNG | „DACHECHSE" |
| GATTUNG/ART | STEGOSAURUS STENOPS |
| PERIODE | JURA |
| LEBTE | VOR 156 BIS 144 MIO. J. |
| ERNÄHRUNG | HERBIVORE |
| BENANNT | 1877 |
| LÄNGE | 9 M |
| HÖHE | 4 M |
| GEWICHT | 3.500 KG |

**FUNDORT**
*Stegosaurus*-Fossilien sind auf der ganzen Welt gefunden worden (außer in Australien und der Antarktis), der *Stegosaurus stenops* im Westen der USA.

18 BIS 20 PLATTEN IN ZWEI REIHEN

BREITE HÜFTE

SCHMALER KOPF

Dieser Vegetarier fraß vermutlich Farne, Moos und niedrige Palmfarne. Den Schnabel benutzte er zum Abzupfen, kauen konnte er kaum.

VIER STACHELN (1 M LANG)

DREI ZEHEN AM HINTERFUSS

FÜR SEINE GRÖSSE HATTE *STEGOSAURUS* WINZIGE ZÄHNE.

FÜNF ZEHEN AM VORDERFUSS

# ANKYLOSAURUS

Als die Fleischfresser immer größer wurden, mussten die Pflanzenfresser aufrüsten. *Ankylosaurus* entwickelte einen erstklassigen Panzer.

Die Ankylosaurier sind eine von zwei Gruppen gepanzerter Dinosaurier, verwandt mit den ebenfalls vierbeinigen, stacheligen Stegosauriern. *Ankylosaurus* ist bisher ihr größter Vertreter.

Der Panzer bestand aus knöchernen Platten, die aus der Haut wuchsen. Krokodile tragen auch solche Platten (Osteoderme) – doch die sind nichts im Vergleich zu den Platten, Höckern und Stacheln, die *Ankylosaurus* bedeckten. Sogar seine Augenlider hatten eine Knochenschicht.

Große Platten bedeckten auch Schulter und Hals dieses Dinosauriers. Sie schützten die wichtigsten Körperteile vor dem gewaltigen Biss eines *Tyrannosaurus*.

Auf dem Rücken und an den Seiten waren die Knochenplatten kleiner, damit *Ankylosaurus* sich noch bewegen konnte. Seine einzige Schwachstelle war der Bauch. Ihn umzudrehen war allerdings keine leichte Aufgabe, denn er war so breit wie ein Auto und niedrig gebaut. So wie ein Militärpanzer heute.

Obwohl die Knochenplatten nur ein paar Millimeter dick waren, waren sie robust. Jede Platte hatte einen weicheren, schwammartigen Kern, umspannt von einer Knochenhaut, die mit Kollagenfasern verstärkt war. Das machte den Panzer leicht, aber auch hart genug, um den Zähnen eines Angreifers gewachsen zu sein.

*Ankylosaurus* hatte einen guten Geruchssinn. So konnte er leichter Futter finden und Räubern ausweichen.

← STACHELN

SCHWERE KEULE

HÖRNER ↓

BREITER SCHÄDEL ↑

SCHNABEL

Am Schwanzende des *Ankylosaurus* vereinigten sich die knöchernen Verdickungen zu einer riesigen Schwanzkeule. Sie konnte seitlich hin- und herschwingen. Wissenschaftler fanden heraus, dass diese Schwanzkeulen genug Kraft hatten, um Knochen zu zerschmettern und riesige Raubtiere umzustürzen. Wahrscheinlich dienten sie auch dazu, Artgenossen abzuschrecken.

## ANKYLOSAURUS STECKBRIEF

| | |
|---|---|
| BEDEUTUNG | „STEIFE ECHSE" |
| GATTUNG/ART | *ANKYLOSAURUS MAGNIVENTRIS* |
| PERIODE | OBERKREIDE |
| LEBTE | VOR 67 BIS 65 MIO. J. |
| ERNÄHRUNG | HERBIVORE |
| BENANNT | 1908 |
| LÄNGE | 6 BIS 7 M |
| HÖHE | 1,7 M |
| GEWICHT | 4.000 KG |

### FUNDORT

*Ankylosaurus*-Fossilien wurden in Alberta (Kanada) sowie in Montana und Wyoming (USA) gefunden.

Der Panzer war von Blutgefäßen durchzogen. Sie trugen wahrscheinlich dazu bei, *Ankylosaurus* abzukühlen.

**DIE GESAMTE SCHWANZKEULE („STIEL" UND „GRIFF") WAR CA. 1 M LANG.**

# DEINONYCHUS

Hier triffst du einen bedeutenden Dinosaurier: Er war keine schwerfällige Echse, sondern schnell und vogelähnlich.

*Deinonychus* war ein schnelles Raubtier. Wahrscheinlich war er ein Warmblüter wie ein Vogel und kein Kaltblüter wie ein Krokodil, das nicht so schnell rennen kann wie ein Vogel fliegt.

Was dir an *Deinonychus* wahrscheinlich auffällt, ist eine große, sichelförmige Todeskralle an jedem Fuß. In der Kreidezeit wäre das wahrscheinlich auch das Letzte, was du sehen würdest! *Deinonychus* klappte seine langen Krallen beim Gehen nach oben, damit sie superscharf blieben. Zunächst glaubten die Wissenschaftler, dass er damit seine Beute aufgeschlitzt oder riesige Saurier bestiegen hat. Mittlerweile gibt es noch eine grausige Vermutung: Vielleicht hat *Deinonychus* die Krallen so benutzt wie ein heutiger Raubvogel – das heißt, die zappelnde Beute festgehalten und sie lebendig gefressen. Solche Greif-Füße halfen den Dinosauriern, auf Bäume zu klettern und sich auf Äste zu hocken. So haben sie sich allmählich zu Vögeln weiterentwickelt.

In der Nähe von *Deinonychus*-Fossilien wurden Knochen eines größeren Dinosauriers namens *Tenontosaurus* gefunden. Darauf waren Bissspuren von *Deinonychus*, und *Deinonychus*-Zähne lagen auch daneben. Die Zähne sind wohl abgebrochen, als *Deinonychus* versuchte, die Rippen des großen Sauriers zu durchtrennen. Einige der Bisse sind sehr tief. *Deinonychus* konnte anscheinend genauso stark zubeißen wie ein Löwe oder Tiger.

*Deinonychus* ist mit anderen Fleischfressern wie *Troodon* oder *Tyrannosaurus* verwandt. Sie alle sind Vorläufer der heutigen Vögel.

FEDERN
STEIFER SCHWANZ
GUTE AUGEN
ZWEI BEINE
TODESKRALLE

### DEINONYCHUS STECKBRIEF

| | |
|---|---|
| BEDEUTUNG | „SCHRECKLICHE KRALLE" |
| GATTUNG/ART | *DEINONYCHUS ANTIRRHOPUS* |
| PERIODE | KREIDE |
| LEBTE | VOR 120 BIS 110 MIO. J |
| ERNÄHRUNG | CARNIVORE |
| BENANNT | 1969 |
| LÄNGE | 3 M |
| HÖHE | 90 CM (HÜFTHÖHE) |
| GEWICHT | 75 KG |

**FUNDORT**
An einer Stelle hat man mehrere *Deinonychus*-Skelette gefunden, darunter eins von einem Jungtier. Es sah ganz anders aus und konnte vielleicht wie Vögel mit den „Flügeln" schlagen.

*TENONTOSAURUS* WAR ZIEMLICH SICHER EIN LIEBLINGSGERICHT VON *DEINONYCHUS*.

# PACHYCEPHALOSAURUS

*Pachycephalosaurus* ist berühmt für seinen „Helm". Vermutlich setzte er die knöcherne Kuppel auf seinem Kopf als Rammbock ein.

Der kuppelförmige Schädel von *Pachycephalosaurus* ist bis zu 23 cm dick. Er hat viel Aufmerksamkeit bekommen: Kein anderes Tier – ausgestorben oder nicht – hat einen vergleichbaren Kopf! Über die Knochen das Verhalten der Saurier zu ermitteln ist allerdings schwer. Vielleicht haben sie ihre Schädel bei Paarungskämpfen zusammengestoßen, wie Ziegen heute. Computerscans der versteinerten Schädeldächer zeigen Dellen, die von Kämpfen herrühren könnten. Manche Forscher meinen aber, dass der lange Hals des *Pachycephalosaurus* für Kopfduelle nicht stark genug war. Vielleicht haben die Saurier sich stattdessen die Köpfe gegenseitig in die Körper gerammt. Oder die „Helme" waren Angeberei. *Pachycephalosaurus* lebte in Herden – die Größe des Schädeldachs könnte hier ein Zeichen für das Alter und die Stellung eines Sauriers gewesen sein. Dass der Rest des Kopfes mit kleinen Stachelknochen bedeckt ist, könnte auch ein Teil der „Show" gewesen sein.

Im Jahr 2016 wurden drei Schädelknochen eines winzigen *Pachycephalosaurus* gefunden. Einige Stacheln waren bereits vorhanden. Vielleicht sind zwei kleinere Dinosaurierarten mit Stachelschädeln – *Dracorex hogwartsia* und *Stygimoloch spinifer* – sogar eigentlich junge *Pachycephalosaurus wyomingensis*, deren Schädeldach erst noch wachsen musste.

## PACHYCEPHALOSAURUS STECKBRIEF

| | |
|---|---|
| BEDEUTUNG | „DICKKOPFECHSE" |
| GATTUNG/ART | *PACHYCEPHALOSAURUS WYOMINGENSIS* |
| PERIODE | KREIDE |
| LEBTE | VOR 68 BIS 66 MIO. J. |
| ERNÄHRUNG | HERBIVORE ODER OMNIVORE |
| BENANNT | 1943 |
| LÄNGE | CA. 4,5 M |
| HÖHE | CA. 3 M |
| GEWICHT | CA. 1.000 KG |

**FUNDORT**
*Pachycephalosaurus*-Fossilien wurden an mehreren Orten in Nordamerika entdeckt.

Wie der Körper von *Pachycephalosaurus* aussah, ist unklar, weil bisher nur Schädel gefunden wurden. Bei Rekonstruktionen hat man sich an verwandten Dinosauriern orientiert.

KNÖCHERNE HÖCKER

SCHÄDEL-KUPPEL

SCHNABEL

*Pachycephalosaurus* gehört zu einer Familie von Dinosauriern, die auch als „Knochenköpfe" bekannt sind. Er ist der Namensgeber und größte bekannte Vertreter.

KLEINE ARME UND HÄNDE

KRÄFTIGE BEINE

*DRACOREX HOGWARTSIA* („DRACHENKÖNIG VON HOGWARTS") WURDE NACH DER HARRY-POTTER-SCHULE BENANNT.

# PARASAUROLOPHUS

Wofür braucht ein Dinosaurier einen 180 cm langen Knochenkamm auf dem Kopf? Seit *Parasaurolophus* vor fast 100 Jahren entdeckt wurde, gibt es dazu viele Ideen.

Parasaurolophus ist ein Hadrosaurier, ein Nachfahre früherer Vogelbeckensaurier wie Iguanodon und Heterodontosaurus.

Vor ein paar Jahren hat ein 17-jähriger Schüler einen Parasaurolophus-Schädel entdeckt.

Der Kamm des *Parasaurolophus* besteht zwar aus Knochen, ist aber nicht massiv. Zwei „Röhren" verlaufen von den Nasenlöchern des Dinosauriers bis zum Ende des Kamms und dann in einer Kurve zurück zum Rachen. Wenn Luft hineingeblasen wurde, war die Strecke durch den Hohlraum 2,5 m lang! War der Knochenkamm vielleicht ein Schnorchel, um Luft zu speichern, während *Parasaurolophus* unter Wasser fraß? Konnte der Saurier dadurch besser riechen? Oder war der Kamm ein Kopfschmuck, der Geschlechtspartner beeindrucken sollte?

Computermodelle haben die Wissenschaftler auf eine andere Fährte gebracht: dass der Knochenkamm wie ein Blasinstrument benutzt wurde. Die Größe und die Form der Röhren legen nahe, dass ausgewachsene Tiere tiefe Töne (wie die von Walen) hervorbrachten, während die Jungen eher piepsten. Computermodelle sind in der Paläontologie oft nützlich, um Vermutungen zu testen – wie ein ausgestorbenes Tier wohl gekaut hat, wie stark sein Biss war, wie es geflogen ist oder sich bewegt hat.

Und warum erzeugte *Parasaurolophus* besondere Laute? Für einen Dinosaurier war er ziemlich intelligent. Die Tiere lebten in großen Herden und haben sich wahrscheinlich viel „gerufen" – wenn Gefahr drohte, z. B. mit Warnlauten. Andere Geräusche sollten vielleicht Partner anlocken. Sehen konnte *Parasaurolophus* auch sehr gut, sodass die Knochenkämme vielleicht außerdem dazu da waren, sich gegenseitig zu erkennen.

Der Kamm war durch ein Septum innen zweigeteilt, wie deine Nase!

### PARASAUROLOPHUS STECKBRIEF

| | |
|---|---|
| BEDEUTUNG | „FAST EINE KAMMECHSE" |
| GATTUNG/ART | *PARASAUROLOPHUS WALKERI* |
| PERIODE | OBERKREIDE |
| LEBTE | VOR 76 BIS 74 MIO. J. |
| ERNÄHRUNG | HERBIVORE |
| BENANNT | 1922 |
| LÄNGE | 11 M |
| HÖHE | 4 M |
| GEWICHT | 3.500 KG |

#### FUNDORT
*Parasaurolophus* wurde in Nordamerika gefunden; dort war er anscheinend weit verbreitet.

MAHLZÄHNE

GROSSER KNOCHENKAMM

SCHNABEL

DAS FOSSIL EINES *PARASAUROLOPHUS*-BABYS (NOCH KEIN JAHR ALT, ABER SO GROSS WIE EIN KLEINWAGEN!) HAT GEZEIGT, DASS DER KNOCHENKAMM VON GEBURT AN WUCHS.

# TRICERATOPS

Als der erste *Triceratops* ausgegraben wurde, dachten die Forscher, sie hätten ein Bison-Fossil entdeckt. Doch die fast 1 m langen Hörner gehörten einem Dinosaurier!

Der klobige *Triceratops* war ein riesiger gehörnter Saurier – etwa so groß wie ein Afrikanischer Elefant. Wie Elefanten stand er vermutlich auch auf vier stämmigen Beinen. Aber wozu hatte er die langen Hörner? Sie sehen gefährlich aus. Und sie saßen in der richtigen Höhe, um einem *Tyrannosaurus* in den Bauch zu stechen. Ein *Triceratops*-Horn mit Beißspuren des *Tyrannosaurus* gibt es jedenfalls. Egal: Wahrscheinlich hatte *Triceratops* vor allem deshalb so lange Hörner, weil er gern mit seinesgleichen kämpfte.

Tiere kämpfen bei der Balz miteinander oder um Eindringlinge aus ihrem Revier zu vertreiben. Große Hörner wirken wie eine Ansage: „Leg dich bloß nicht mit mir an!" Daher meinen die Wissenschaftler, dass *Triceratops* seine Hörner und sein Nackenschild hauptsächlich zur Abschreckung gebraucht haben könnte.

Die meisten *Triceratops* waren einzelne Funde. Im Jahr 2005 hat man allerdings drei Jungtier-Fossilien nebeneinander entdeckt, was darauf hindeutet, dass junge Saurier sich zum Schutz zusammenschlossen. Sobald sie ausgewachsen waren, lebten sie wohl lieber allein.

Der mächtige Nackenschild von *Triceratops* wirkt wie eine Rüstung, war aber nicht sehr hart. Es gibt z. B. versteinerte Schilde mit Stichwunden oder Beißspuren vom *Tyrannosaurus*. Der Schild war mit einer Keratinschicht überzogen, wie ein Vogelschnabel heute. Vielleicht war er sogar bunt, wie der Schnabel eines Tukans!

*Triceratops* hatte ein erstaunliches Gebiss, das seine Zähne schonte. Einige spitze Zähne glitten wie die Klingen einer Schere aneinander vorbei und zerschnitten dabei Pflanzen. Andere Zähne dienten zum Kauen. Clever! So konnte *Triceratops* wahrscheinlich ganz unterschiedliche Pflanzen fressen, mehr als andere Herbivoren.

> Der größte *Triceratops*-Schädel ist 2,5 m lang – wie ein Surfbrett.

## TRICERATOPS STECKBRIEF

| | |
|---|---|
| BEDEUTUNG | „DREIHORNGESICHT" |
| GATTUNG/ART | *TRICERATOPS HORRIDUS* |
| PERIODE | OBERKREIDE |
| LEBTE | VOR 67 BIS 65 MIO. J. |
| ERNÄHRUNG | HERBIVORE |
| BENANNT | 1889 |
| LÄNGE | 9 M |
| HÖHE | 4 M (HÜFTHÖHE) |
| GEWICHT | 7.000 KG |

**FUNDORT**
*Triceratops* ist das häufigste Fossil im Westen Nordamerikas. Über 50 versteinerte Schädel stammen allein aus der Hell-Creek-Formation in Montana (USA).

Gehörnte Dinosaurier heißen Ceratopsier. Es gab mehr als 30 verschiedene Arten mit unterschiedlichen Hörnern und Stacheln, z. B. *Triceratops*, *Pentaceratops*, *Titanoceratops* und *Torosaurus*. Die Unterschiede dienten vielleicht dazu, die eigene Art zu erkennen.

Einige *Triceratops*-Schilde haben Löcher von den Hörnern eines anderen *Triceratops*.

- ÜBERAUGEN-HÖRNER
- KNÖCHERNER SCHILD MIT BIS ZU 26 STACHELN
- NASEN-HORN
- KURZER SCHWANZ
- RIESIGER SCHÄDEL
- STÄMMIGE BEINE
- HUFE

**JE ÄLTER *TRICERATOPS* WURDE, DESTO LÄNGER UND GEWUNDENER WAREN DIE HÖRNER!**

# TROODON

Diese gemein aussehenden Raubsaurier hatten furchtbare Zähne, aber auch eine weiche Seite: Sie waren gute Eltern.

Wie heutige Vögel und Reptilien legten alle Dinosaurier Eier. Die Wissenschaftler interessieren sich nun dafür, ob die Saurier ihre Eier sorgsam behüteten (wie die meisten Vögel), oder ob sie sie vergruben und allein ließen (wie die meisten Reptilien).

Von *Troodon* wurden so viele Eier gefunden, dass die Forscher sich die versteinerten Schalen und die noch nicht geschlüpften Baby-Saurier genau anschauen konnten. *Troodon*-Eier sind unten breiter als oben, wie Vogeleier. Auch die Schalen ähneln Vogeleierschalen. Das deutet darauf hin, dass *Troodon* seine Eier wahrscheinlich in Sand oder Schlamm gelegt und sich auf das „Nest" gesetzt hat, um zu brüten.

Hier und da hat man ein ausgewachsenes *Troodon*-Fossil neben einem versteinerten Nest gefunden. Keins davon hatte aber die besonderen Knochen, die weibliche Dinosaurier (und Vögel) zum Eierlegen entwickeln, und das heißt: Es sind wahrscheinlich Männchen. Die *Troodon*-Väter könnten also auf die Eier aufgepasst haben. Währenddessen könnten die Mütter auf Jagd gegangen sein, damit sie fürs Eierlegen stark genug blieben. Viele Vögel – aber nur sehr wenige Reptilien – machen das heute auch so. Fleischfressende Dinosaurier und Vögel haben einige Gemeinsamkeiten!

*Troodon* gehört zur Sauriergruppe der Maniraptora. Von diesen Raubsauriern stammen vermutlich die Vögel ab.

*Troodon* legte bis zu 30 Eier in ein Nest – wahrscheinlich paarweise, nicht alle auf einmal.

GROSSE, NACH VORN GERICHTETE AUGEN

DREI FINGER

LANGE HINTERBEINE

Der Name dieses Sauriers kommt von seinen messerscharfen, nach hinten gebogenen Zähnen.

GEKRÜMMTE KRALLEN

TROODON HATTE EIN GROSSES GEHIRN. ER WAR WOHL SO INTELLIGENT WIE EIN VOGEL.

EINER IST ENTKOMMEN – IM SCHWANZKNOCHEN EINES ENTENSCHNABELSAURIERS FAND MAN EINEN *TYRANNOSAURUS*-ZAHN ...

## TROODON STECKBRIEF

| | |
|---|---|
| BEDEUTUNG | „VERLETZENDER ZAHN" |
| GATTUNG/ART | *TROODON FORMOSUS* |
| PERIODE | OBERKREIDE |
| LEBTE | VOR 74 BIS 65 MIO. J. |
| ERNÄHRUNG | CARNIVORE |
| BENANNT | 1856 |
| LÄNGE | 2,4 M |
| HÖHE | 90 CM (HÜFTHÖHE) |
| GEWICHT | 40–50 KG |

### FUNDORT

*Troodon* wurde u. a. in Alaska (USA) gefunden. Mit seinen großen Augen sah er auch im winterlichen Halbdunkel gut, vielleicht sogar nachts. Ein Alaska-*Troodon* hatte größere Zähne als ein südlicher *Troodon* und wurde doppelt so groß – ein erfolgreicher Räuber!

# TYRANNOSAURUS

„Sue", „Big Mike" oder „Stan" sind keine gruseligen Namen – aber Spitznamen für die wohl furchterregendsten Fossilien der Welt.

Mit seinem relativ großen Gehirn war *Tyrannosaurus* vermutlich klug genug, um größere Beutetiere im Rudel zu jagen. Manche Experten meinen jedoch, dass er für Teamarbeit zu übellaunig war. Beißspuren auf *Tyrannosaurus*-Fossilien zeigen, wie diese Saurier in Streit geraten konnten!

*Tyrannosaurus* bewegte sich auf den Hinterbeinen. Große Bein- und Schwanzmuskeln hielten das Gewicht des gewaltigen Kopfes. *Tyrannosaurus* war nur zu groß, um schnell zu sein. Studien ergaben, dass er höchstens 17 km/h zurücklegen konnte. Der Riesenschädel steckt voller Hinweise, dass *Tyrannosaurus* seine Beute schon von Weitem hörte und ihrem Geruch folgte. Dank seiner (wie beim Menschen) nach vorn gerichteten Augen konnte er gezielt zupacken.

Je größer die Klappe, desto mehr passt hinein! *Tyrannosaurus* konnte sein Maul bis zu einem Winkel von 65 Grad aufreißen mit einem Happs ein löwengroßes Stück verschlingen – samt Knochen. Knochen hat man in Kotspuren (Koprolith) des *Tyrannosaurus* gefunden. *Tyrannosaurus* war nicht wählerisch und fraß auch Aas. Er war sicher gut darin, andere Aasfresser zu verscheuchen.

Das größte, vollständigste *Tyrannosaurus*-Skelett heißt „Sue" – wie die Paläontologin, die es gefunden hat. Ob „Sue" ein Männchen oder Weibchen war, ist allerdings nicht klar.

Die bananengroßen Zähne des *Tyrannosaurus* waren spitz und hatten gezackte Kanten.

GROSSER, KRÄFTIGER KOPF

60 ZÄHNE

1,5 M LANGER SCHÄDEL

KURZE ARME

ZWEIFINGRIGE HÄNDE

MUSKULÖSE HINTERBEINE

## TYRANNOSAURUS STECKBRIEF

| | |
|---|---|
| BEDEUTUNG | „KÖNIGSECHSE" |
| GATTUNG/ART | *TYRANNOSAURUS REX* |
| PERIODE | OBERKREIDE |
| LEBTE | VOR 67 BIS 65 MIO. J. |
| ERNÄHRUNG | CARNIVORE |
| BENANNT | 1905 |
| LÄNGE | 13 M |
| HÖHE | 4 M (HÜFTHÖHE) |
| GEWICHT | 8.000 KG |

### FUNDORT

„Sue", „Big Mike" und „Stan" stammen alle aus Hell Creek, einer felsigen, trockenen Gegend in den USA. Sie ist ein Paradies für Paläontologen. Dort in den Gesteinsschichten zu graben ist wie eine Zeitreise in die grüne, feuchtwarme Welt vor 65 Millionen Jahren.

# Glossar

**AMPHIBIEN** Wechselwarme Tiere wie Frösche, Kröten und Molche

**ANKYLOSAURIER** Gruppe vierbeiniger, gepanzerter Dinosaurier

**ÄQUATOR** Gedachte Linie, die die Erde in eine Nord- und eine Südhalbkugel teilt

**ARCHOSAURIER** Reptilien, die Vorfahren der Dinosaurier waren

**ASTEROIDEN** Große Gesteinsbrocken, die um die Sonne kreisen und sehr selten mit einem Planeten wie der Erde zusammenstoßen

**BISON** Wildes Rind mit buckligem Rücken aus Nordamerika

**CERATOPSIER** Pflanzenfressende Dinosaurier mit Hörnern

**DATEN** Befunde, Zahlen und Auswertungen zu einem Thema

**ECHSE** Wechselwarmes Kriechtier mit Schwanz, vier Beinen und Schuppenhaut

**FOSSIL** Überreste oder Spuren ausgestorbener Lebensformen in Gesteinen

**GEOLOGIE** Wissenschaft, die das Gestein und die Entwicklung der Erde erforscht

**HADROSAURIER** Pflanzenfressende Dinosaurier, wegen ihrer abgeflachten Schnauze auch „Entenschnabeldinosaurier" genannt

**HERBIVOREN** Tiere, die nur Pflanzen fressen

**KARNIVOREN** Tiere, die das Fleisch anderer Tiere fressen

**KERATIN** Feste Fasern, aus denen Haare, Krallen, Schnäbel und Federn bestehen

**KOLLAGEN** Bestandteil der Haut, der für Festigkeit sorgt

**KOMODOWARAN** Größte heute noch lebende Echse

**KONIFERE** Kiefernartiger Baum mit Zapfen, der meistens Nadeln hat

**KOPROLITH** Versteinerter Kot von Tieren aus der Urzeit

**OMNIVOREN** Tiere, die sowohl Pflanzen als auch Fleisch fressen

**ORNITHISCHIA** Wissenschaftlicher Name für die Vogelbeckendinosaurier

**OSTEODERME** Knochenplatten, die in der Haut wachsen

**PALÄONTOLOGIE** Wissenschaft, die Lebewesen aus der Urzeit erforscht

PALMFARNE Palmenähnliche Urzeitbäume mit Zapfen

PANGÄA „Superkontinent" des Erdmittelalters aus allen Landmassen der Erde

PANZER Knochenplatten auf dem Rücken von Dinosauriern

PERIODE Zeitspanne des Erdzeitalters, die mehrere Zehnmillionen Jahre umfasst

PROSAUROPODEN Mittelgroße, pflanzenfressende Dinosaurier, die in der Obertrias und im Unterjura lebten und Vorfahren der Sauropoden waren

PTEROSAURIER Fliegende Reptilien im Jura und in der Kreidezeit

RAPTOREN Fleischfressende Dinosaurier, die auf zwei Beinen gingen und eine lange Klaue an jedem Fuß hatten

REPTILIEN Wirbeltiere mit Schuppenhaut, die Eier legen, dazu gehören Schlangen, Echsen, Krokodile und Schildkröten

SÄUGETIERE Warmblütige Wirbeltiere mit Haaren oder Fell, die ihre Kinder säugen

SAURISCHIA Wissenschaftlicher Name für die Echsenbeckendinosaurier

SAUROPODEN Riesige, pflanzenfressende Dinosaurier mit sehr langen Hälsen und Schwänzen, die auf vier Beinen gingen

SEPTUM Trennwand im Körper, z. B. zwischen den Nasenhöhlen

STEGOSAURIER Pflanzenfressende Dinosaurier mit Knochenplatten auf dem Rücken

THEROPODEN Fleischfressende Dinosaurier, die auf den Hinterbeinen gingen und wahrscheinlich mit den Vögeln verwandt sind

TROPISCH heißes Klima der Gegenden, die sich nah am Äquator befinden

TSUNAMI Gigantische Welle, die durch ein Erdbeben im Meer entsteht

© 2018
Laurence King Verlag GmbH
Jablonskistraße 27
10405 Berlin

www.laurencekingverlag.de

Konzeption 2018: Richard Ferguson
Illustrationen: Aude van Ryn
Gestaltung: Claire Clewley

Übersetzung: Dr. Ulrich Korn, Dortmund
Lektorat: Mareike Ahlborn, Essen
Satz: Igor Divis, Dortmund
Projektleitung: Dr. Thomas Hauffe, Dortmund

ISBN: 978-3-96244-000-8
1. Auflage 2018
Printed in Malaysia

© 2018 der englischen Originalausgabe
Laurence King Publishing Ltd., London

Alle Rechte vorbehalten. Dieses Werk einschließlich aller seiner Teile ist urheberrechtlich geschützt. Ohne ausdrückliche, schriftliche Genehmigung des Verlages ist es nicht gestattet, das Werk oder Teile daraus in irgendeiner Form durch Fotokopie, Mikrofilm, oder ein anderes Verfahren zu vervielfältigen oder zu verbreiten. Dies gilt auch für die Einspeicherung in elektronische Systeme. Ausnahmen bilden kurze Zitate zum Zweck der Rezension oder zum Bewerben des Werkes.